*Coruja
anuncia
poemas
que me
voaram*

Coruja anuncia poemas que me voaram

Renata Facco de Bortoli

EDITORA
Labrador

Copyright © 2020 de Renata Facco de Bortoli
Todos os direitos desta edição reservados à Editora Labrador.

Coordenação editorial
Erika Nakahata

Projeto gráfico, capa e diagramação
Felipe Rosa

Assistência editorial
Gabriela Castro

Imagens de capa
Freepik.com
Pixabay.com
Unsplash.com
Henri de Toulouse-Lautrec, retrato de
Suzanne Valadon

Revisão
Bonie Santos
Tamires Cianci von Atzingen

Dados Internacionais de Catalogação na Publicação (CIP)
Angélica Ilacqua — CRB-8/7057

Bortoli, Renata Facco de
  Coruja anuncia poemas que me voaram / Renata Facco de Bortoli. — São Paulo : Labrador, 2020.
  128 p.

ISBN: 978-65-5625-000-7

1. Poesia brasileira I. Título

120-1438   CDD B869.1

Índice para catálogo sistemático:
1. Poesia brasileira

Editora Labrador
Diretor editorial: Daniel Pinsky
Rua Dr. José Elias, 520 – Alto da Lapa
05083-030 – São Paulo – SP
+55 (11) 3641-7446
contato@editoralabrador.com.br
www.editoralabrador.com.br
facebook.com/editoralabrador
instagram.com/editoralabrador

A reprodução de qualquer parte desta obra é ilegal e configura uma apropriação indevida dos direitos intelectuais e patrimoniais da autora.

A editora não é responsável pelo conteúdo deste livro.
A autora conhece os fatos narrados, pelos quais é responsável, assim como se responsabiliza pelos juízos emitidos.

Na concha há o inaudível.

As asas não se concretizam.
Terríveis e pequenas circunstâncias
transformam claridades, asas, grito,
em labirinto de exígua ressonância.

Os solilóquios do amor não se eternizam.

E no entanto, refaço minhas asas
cada dia. E no entanto, invento amor
como as crianças inventam alegria.

Hilda Hilst

SUMÁRIO

Prefácio, **11**

Antes, **13**

Durante, **29**

E depois, **51**

Do voo, **77**

Índice de poemas, **123**

PREFÁCIO

Coruja anuncia poemas que me voaram é mais que um conjunto de poemas dispostos em livro. Trata-se de palavras sonoras, em forma de melodias adornadas de ritmo e movimento, carregadas de significados vívidos, capazes de nos fazer imergir nas histórias contadas por Renata Facco de Bortoli.

Dra. Renata, como também é conhecida, é uma médica psiquiatra, professora universitária, bailarina e, acima de tudo, uma pessoa cuja grande sensibilidade é facilmente identificada nos textos que resultaram neste livro, dividido em quatro partes: "antes", "durante", "e depois" "do voo".

Ao contrário do que pode parecer, os poemas não são marcados por uma temporalidade convencional, mas pelo tempo/estado da arte, ou seja, pelo tempo do autor, do leitor, atrelado ao contexto da leitura.

A autora consegue relatar fatos corriqueiros — que, na maioria das vezes, passam despercebidos — com tantas minudências que nos transporta para uma experiência, diria eu, multissensorial. Suas sedutoras palavras, fruto de um olhar minimalista e conceitual, nos transformam em personagens ativos das histórias por ela narradas, a ponto de nos fazer enxergar as cores, sentir os perfumes, as temperaturas, experimentar as texturas e os sabores do que está registrado nestas páginas.

Apesar de os poemas transitarem com liberdade entre os quatro momentos do livro, eles possuem sutis diferenças, suficientes para aproximá-los de seus respectivos nomes, uma característica que torna a leitura ainda mais instigante.

Convido você a perceber, com sua imanente subjetividade, o significado e a beleza de cada poema e da obra como um todo, construídos com a pura sensibilidade de quem escreve com a alma.

[**Prof.ª Dr.ª Tereza Raquel Alcântara-Silva**]
Coordenadora do Programa de Pós-Graduação em Música e docente do curso de graduação em Musicoterapia na Escola de Música e Artes Cênicas da Universidade Federal de Goiás (UFG)

ANTES

Rasguei meu primeiro poema
mas não esqueci sua última frase
Queria voltar andando para casa
Reencontrar o terraço destemido
quando a morte não existia
Eis que, num brilhante despertar,
resolvi comprar o tal All Star
Coruja anuncia!

[Isto e um pouco mais]

Cair num sonho
Entrar naquela nuvem e descer
Sentir-se o mais próximo de Deus possível
Estar no lugar mais alto em que já estive
Não acreditar que você está ali
Quase nada do que se vê se reconhece
Tudo é novo,
completamente surreal,
como jamais imaginado
Não crer na coragem de ser capaz de fazer
   aquilo,
se emocionar numa paz tão estranha,
   porque o tamanho do medo que eu deveria
   estar sentindo não justificava aquele
   congelamento
Ou seria aquilo o ápice do medo? Quando nem
   o coração dispara, e você apenas respira!
O que é um silêncio eterno?
Não neve
Um vácuo parecido com uma bolha no ar
Não avião
Um mergulho
no mar
Suspenso
Imenso
Branco
O mais maravilhoso que eu já ouvi!

[À minha amada]

O que há de mais sagrado
fica guardado em segredo
Ornamentado pelo antúrio salmão-rosado,
miniorquídeas
e ramos verdes
Neve de glaçúcar
sobre a rosa salmão do bolo de aniversário
tratado como pão de ló
Gostoso como creme de *pâtisserie*
com coco, nozes e morangos silvestres
Verão em pleno inverno
Pérolas aramadas em flor
para abraçar o guardanapo
Brindando com vinho tinto
o amor.

[Um homem simples]

Porque a vida é mesmo muito fugaz
E o sol já se pôs
Mas os raios que aqueceram o coração
continuam a brilhar dentro de mim
Sessenta e cinco noites...
O raio corta a imagem
formando conforme a imaginação
As cores crepusculares se misturam
como as águas e a terra
E nós queimando
De camisa rosa e olhar longínquo
de quem crê

Ele saboreia o mate amargo
E carinhosamente degustamos o belo dos
   dias.

[**A luz da manhã**]

Veja como a treliça já faz sombra!
Talvez eu tenha um pouco de medo do escuro
Mas temos muita coragem de expor nossas
   peles brancas
ao nascimento do sol
O chão da cozinha preparava para o mergulho
E o papel de parede, para a contemplação
   dos jardins
E o branco?
Loira
Morena
Ruivas
Café para ela
Com leite para mim
Intimidade
Coisa bem boa
Aprendi com ela a silenciar.

[**Quando a vejo**]

Brilho nos olhos
Sorriso de orelha a orelha
Para ouvir
Sentir

Balançar
Tocar o couro
Aconchegar na pele quente
Compartilhar nossas relíquias (e nos
   transformar)
Chegamos com um cinza-lavanda nas unhas
Saímos com essa mesma tonalidade no peito
Eu me recobri com lã de ovelha
Ela, com um crucifixo e esculturas gregas
E, nas pernas, os negativos!

[Acima do sofá]

Havia uma pintura
Um corpo feminino nu
com o rosto na cama
sobre seu braço esquerdo dobrado,
anunciando que chegávamos no sobrado
Sensual
Flutuante
Sob a escada ficavam as lenhas
As pedras
Os candelabros
E os trilhos de trem estruturando o mogno
Para você, a mulher do quadro sou eu!

[Cais do porto]

Parecia Lego
Colorido e simétrico
Dia de conforto

Comer o biscoito da vovó sem nenhum
    ingrediente a mais
Porque se quer a essência
Rezar ao recarregar as baterias sob o sol
Sentir o movimento do mar
e o inevitável e doído vento do litoral
Trocamos o arenque pelo porco
Não apreciamos arte contemporânea hoje
Não era dia para isso
Até acho que fomos um pouco além no Louvre,
como nos é costumeiro
Mas como não querer ver tudo?

[**Na noite seguinte**]

Até acordar estava na dúvida se deveria
    voltar dirigindo após beber
Glühwein?
Chás alemães
Índia, China e Rússia
Luteranos e muçulmanos
Relógios de parede
O melhor mundo é aquele da livre fantasia
Como uma cerveja traz a leveza
de uma festa de faculdade.

[**Um café quente**]

Uma balinha na estrada
O intenso cheiro defumado das inúmeras
    bancas na praça

também pode evocar o baile interno das
   bandinhas,
o charme da educação e do cavalheirismo dos
   bávaros
Viva o feminino!
As casas em estilo enxaimel
pintaram a caminhada sabática
e prepararam o caminho de volta até o
   último destino.

[História]

Como é bom estar longe
Num lugar onde parece que as pessoas se
   respeitam
Andar de bonde
e ser estrangeira
Desligada
Porém integrada com o familiar
   indispensável.

[Na montanha]

Embaixo da grande pedra
tinha umas vaquinhas
E abaixo das vaquinhas
tinha uma morada!

[**Porteira de madeira**]

Pele
Limite
Margem
Lavandas na minha casinha
e uma pitada de preguiça
Acho que aprendi a esperar
e aceitar
De alma faceira
Cheirosa
Enfeitada
Bem cuidada
Preocupada em se transformar em orquídea do
   mato
Rosa caipira rosa
Cipó de pompom de lã (Dália?)
Ter uma cadeira
para sentar, olhar e desfrutar
de um vale como esse
É um trono de bromélias
Outra potencialidade:
dá-lhe!
Ser uma Camélia.

[**Felicidade**]

Bolo de fubá com leite de coco quentinho.

[Rio Grande]

Me despeço de ti
com o coração sangrando
Sempre sem querer completamente
No painel
As missões passavam pelos campos de cima da
    Serra
e terminavam na Campanha
Te amo!
Mesmo sem te conhecer por completo
Quero ir te descobrindo aos poucos
Você é singular
O poncho veio comigo,
Gaúcho.

[Metade da viagem já foi]

Me senti mais em casa em Copenhagen
Certamente estar no hotel em frente ao
    parque Tivoli deve ter ajudado
Ouvíamos gritos de criança intercalados com
    o sino da igreja a cada meia hora
Compramos na passagem pela era *viking* um
    livro sobre mitos nórdicos
O movimento do balé não poderia ter fechado
    melhor os dias aqui
Na adaptação, a jovem protagonista luta por
    um grande amor
Depois de quinze dias de férias, a melhor
    parte.

[Um artista adulto]

Percebido assim que mexe o primeiro músculo
O tronco negro definido estava à mostra
Ele vinha dos haréns
Reluzia desejo
Era a lagarta da Alice
Seu curvar-se não podia ser mais expressivo
E suas moedas sonorizaram a terra
Um verdadeiro garoto dinamarquês!

[Estocolmo menos o guarda-chuva]

Palácio?! Para quê? Invejar?!
Descendo a cidade medieval que é sempre de
    pedras
atravessamos mais uma ponte
Depois de espessa neve na beira do Báltico
entramos no Vasa
Leões, sereias, totens, dragões, esqueletos
Quem foram aqueles homens e mulheres que
    naufragaram?
Que tempos bons vivemos hoje
graças a esses desbravadores da morte
Não sei nada de engenharia,
mas sei o que um desejo pode fazer
Na saída, a paisagem ia ficando cada vez
    mais restrita
Como no campo visual do sonhador
Ou num foco de uma câmera
Eu passava apenas me arrastando
Vi gigante tomando voadora de bêbado
    esquálido que depois se vingou

Uma mulher, esposa de lunático, criava
   comércio onde via oportunidade, uma
   visionária, seria ela uma alemã judia?
Cada um com suas armas, tinham o mesmo
   poder
Estranho, muitas pessoas iam para a mesma
   direção
para dançar ao redor da
   fogueira eroticamente.

[**Espírito santo?**]

Brinquedos de madeira e artesãos nas ruas
Cantigas infantis
Pães e queijos de verdade
Young tinha me mandado mensagem em inglês
   em meus devaneios
Delineei os olhos e passei cereja nos
   lábios
Eu era a que acolhia o filho renegado
Perdoei e abracei todas as mais odiadas
A paz de ser o que se é.

[**Munique multiétnica**]

O que víamos nos museus
hoje se torna real
Café da manhã chinês, árabe e americano
Tudo menos europeu
O alemão ficava pelo aviso: "Contém porco!"

Estava convencida de que o lenço na cabeça
   tudo bem
Após longos debates, devemos respeitar
Mas quando dividi o elevador com uma mulher
   de burca
guiada por seu dono
Uma sensação horrorosa
A mesma quando vejo uma brasileira tomando
   um apertão
Uma revolta interior de quem quer gritar
Sonhos da época da infância
na casa de um visionário
Hoje exilado?
Triste fim costumeiro dos depostos
Sinto pena
Parece que eles sabem preocupar-se mais com
   a vida alheia do que com a própria
Encontro a minha família lá dia sim, dia
   não
O quanto isso é forte quando estamos mais
   longe de casa
A religião pode entrar aqui
como âncora
E a comida também
Revigorante
Nas outras viagens não era assim
Me percebo tão conectada e livre
São voos noturnos
Afinal, minhas pernas às vezes perdem as
   forças
São tantos cruzamentos
Tantos séculos de história
Tantas destruições e reconstruções
Patino sobre o lago congelado

Meu coração está em chamas
Não há nada mais educativo do que viajar
no tempo, no espaço
E a convivência com o estranho requer muito
   autocontrole
Há que se lidar com a raiva
e seguir tendo esperança
Não matarás!
Em janeiro estávamos em Berlim
numa feira de Natal.

[Sono]

O vidro congelou, choveu
E a névoa novamente deixou tudo no mais
   branco sonho
A casa mais erma estava entre três metros
   de neve
E quando os paredões tomavam conta e
   percorríamos os túneis,
um fiorde se mostrava
como brincadeira de criança
Só penso na coragem desse povo
e na quantidade de água
É a força da correnteza!
A única cachoeira que vi
atravessou a dinâmica do trem para
   Bergen...
Toda vez que eu começo a me assustar
alguém desce do trem
E mora aqui?

[Lembre-se de que você é meu norte]

Filmado em Capão
Eu preferia Arroio
Mas aquela casa de madeira e pátio grande
bastante simples e com muro baixo
portão na frente talvez com arame
Foi quando vi a praia de um ângulo mais
   aberto
Em algum ano ficamos na parte mais nova da
   cidade
Enxergar os muitos, ou seriam poucos, mas
   distantes prédios que compunham a orla
dava a dimensão do quão grande era
e me lembrava do quanto eu estava longe de
   casa
Como faria para voltar sozinha?
Perder-me na praia parece ter me assombrado
   por muitas férias
Eu devia ser aquela menina com um olhar um
   pouco inseguro caminhando pela areia
Hoje, quando estou viajando pelo mundo,
volta e meia esse medo me aprisiona
e me pego recalculando a rota
Racionalmente entendo que a casa é o corpo
A mente é a nossa morada
Independente de onde estivermos fisicamente
Pelo menos, aquela cena à beira-mar é
   linda, é infinita, é para sempre!

[Aquela sala]

Faltante
Falante
Aberta
Menos usada
Silenciosa.

DURANTE

Achei dois lírios se abrindo escondidos
dentro do buquê
A gente não conhece o recurso até
encontrá-lo!

[**Rosa caipira**]

É a filha que ainda não nasceu
O lírio é a mulher adulta.

[**Hoje ele não vem para casa**]

São nacos de carne que deixamos pelos
 lugares em que vivemos
Saudades imensas
E aquilo que foi eternizado permanece
 alimentando nosso desejo de reviver esses
 instantes nos quais a morte inexistia
Uma banda que unia todas as outras
Sempre amei a maturidade infantil e a
 rebeldia
Seguem quebrando a noite
e os nossos corações juvenis
Era tanto prazer que eu sentia na sua casa,
 amiga!
Hoje sei que tive sim uma maternagem
 feminista (também)
"Desquitada" e muito bem-amada!
Quanta liberdade batalhada havia naquele
 lar
Ela se tratava
E como isso era bom!
Quase uma vila *hippie*
Era assim que me sentia quando me debruçava
 na janela e fumávamos um cigarro
Se bem que podia ser no sofá, no banheiro,
 enfim, onde quisesse

Quatro ou quatrocentas mulheres passaram
   por aquela entidade?
Ah! E se não fossem essas dores?
Essas lacunas?
Será que eu me lembraria do barulho que a
   grade elétrica fazia?
Da distância entre a porta para a rua e as
   escadas?

[**Fogo e gelo**]

A transformação constante da natureza
e a necessidade de se adaptar à lava
quando os pés e o rosto estão conectados ao
   vento e à textura do solo
Nos obrigamos a sobreviver
estando no presente e despertos
As surpresas acontecem
Somos uma junção de átomos
À espera da conectividade.

[**O glacial e a esfinge**]

Comecei a manhã entendendo que o sol no
   inverno reflete o dia todo no mar
Uma aurora ao leste em tons de vermelho
Ele se desloca na horizontal
Na lagoa congelada como esmeralda
ou na praia de cacos de vidro e areia de
   veludo

No pôr do sol em Marte,
Ele conclui pintando o céu de rosa
Não sabemos direito onde estamos,
mas é um estado tão meditativo!
Não se veem animais selvagens por aqui
Talvez sejamos nós mesmos
a contemplar Deus onipresente
Superando o medo de viver em plenitude.

[**Amor**]

Comer um pedaço do próprio útero.

[**Quando a vida se descortina**]

Pois se está disposto a olhar para a lua
e passar a noite acordado de espanto, de
   beleza
Ou dos dois!

[**Praia só com as amigas**]

Sinônimo daquela transgressão completa que
   não fiz
A "ilha da fantasia" que ainda não conheço
acabou se tornando um lugar muito perigoso
Fica próximo demais do mar e dos camarões
Aquela velha história: cuidado para não
   morrer de tanto prazer

De novo essa adolescência monstruosa que só
   assusta quando não há limites!
Discórdia, desgosto e separação
Marcas do passado que me trouxeram até a
   areia
Caipirinhas, cigarros e capetas
E por debaixo de todas essas letras: sexo,
   exo, xo, o...

[**Janeiros em Brasília**]

Chuva pesada e contínua
Aquele branco que se forma no fundo
Amanhã ele vai embora...

[**Areia negra**]

O sal adocicado no rosto
O sol energizando a última semana do ano
Reza em formato de ondas
Vento arrepiando o corpo!

[**Tartaruga navegando**]

Sonhei, deliciosamente, com a Islândia
Voltava lá com um grupo de amigos
num pequeno avião
Em uma pista ainda menor
Sobre o mar...

[**Leões rugindo no meio da selva de pedra**]

Esses dias os encontrei
E no dia seguinte, três tucanos se
   apresentavam na janela de um prédio, em
   frente aos olhos da águia.

[**Menina do mato**]

Acho que sempre fui querendo andar pela
   floresta.

[**Desenhos no granito**]

Sempre gostei de imaginar
Vejo um velho magro já do outro lado
O mistério é o portal!

[**Entregar-se ao corpo**]

Nem acredito que essa figura não passou de
   um mero conhecido
Como num baile de máscaras,
ele simplesmente foi
Não mais perseguido, desejado, exigido
Renegada!
Eu não te quero mais; eu não preciso mais
   do seu desamor

O galante também apareceu quase
   irreconhecível, distante
Como um farsante mesmo que só deseja ser
   admirado, mas não sabe desejar
E o mais próximo da realidade, saudável,
   pôde ser realizado
Tivemos uma noite linda, típica de verão
   adolescente
Lado a lado, ambos desejando um ao outro
   como sempre fora
Apenas nos descompassamos no tempo
   cronológico anos atrás
Mas anteontem estava livre para estar
   contigo
Meu mais belo e respeitoso
romance pueril.

[**Ousadias culinárias**]

O cheiro do mel inunda a cozinha
Preciso fechar a porta da rua e a da sala
   para não entrar um enxame de abelhas
Como é precioso poder estar a apenas uma
   receita da minha avó
Dona dessa magia
Convivi muito menos com ela do que gostaria
Por isso, invento histórias e memórias
Ela sempre amou a casa recheada de
   biscoitos
Fartura ainda maior no final de mais um ano
   marcado pelo trabalho amoroso

Quanta alegria e quanto significado tive
  na minha ida ao mercado para comprar os
  últimos ingredientes
Trouxe uma orquídea branca, miúda, com boca
  de leão rosada
Quando retorno ao forno, sinto um aroma
  mais amadurecido
Ainda faltam alguns minutos para que o bolo
  possa ser retirado
Com elas, estive inúmeras vezes aprendendo
  e admirando essa arte
de fazer doces que tanto me alimenta.

[**Renuncias ao demônio?**]

Eu sou o demônio!
Palavras que só podem ser escritas pela
  manhã
Mas na madrugada foram criadas, ouvidas e
  sentidas
Pulei diretamente da cama
Estava bom demais aquele toque para não
  gozar de verdade
Por isso, ele vem se arrastando pela
  sala...
Não há posição mais animal que a da caça
Olhos famintos de desejo
Enlouquecimento pelo próprio corpo
Depois do grito, gemido, a constatação da
  mais profunda solidão
A máscara pode ser colocada de lado
E o que se viu foi um buraco negro

Todo o universo dentro da mente de uma
   mulher culpada talvez por ser desejante
Apenas um casal humano passível de se
   tornar monstruoso na tarefa do cuidar ou
   de não matar o próprio filho
"Abracadabra! Acabou-se o que era doce!"
Para pecar, basta estar vivo
Mas Deus é maior
E este é o grande ensinamento da Páscoa:
sobrevivam!

[**Luto leva tempo, tempo leva luto**]

Que liberdade aceitar o não amor
Não trabalhar para o ódio
A neutralidade vem do respeito
Que não é indiferença
Tempo de sonhar!

[**Pesadelo**]

Um lugar infinito
Fictício?
Progressivo?
Primitivo...
Elevador no início (que absurdamente não
   conectava)
e escada em caracol no final (só que eu
   caminhava para cima)

Quando um casal é truculento e mente para
  você
Quando o cara (ignorante) numa caminhonete
  acha que vai conseguir intimidar um
  ônibus
Não respeitando nem a lei dos homens e
  provocando Deus
Eu desci do carro e temi pela minha
  segurança
Entrelaçados ao amor, à paixão, ao sexo
estão os galhos pretos, os espinhos da
  rosa, a floresta fechada (e todos os
  desejos do mundo)
Será que sobreviveremos?
Só os mais fortes!

[**Perca-se**]

Entrada
Insegurança quanto a se haveria saída
Vai e volta, vai de novo
É óbvio, o começo!
Refazer as pegadas em busca de novos
  olhares sobre o mundo
Silêncio, respeite quem habita aqui
Ar úmido, baixa luminosidade, clima de
  floresta cerrada
Barulho de nascente e uma mulher sozinha
  desbravando o caminho interno dos
  olhos-d'água
Será que da depressão sairei no relógio
  solar?

Começo a perceber as coordenadas
As bordas do parque
Ao fundo, a lembrança dos carros e da
   maioria que circulava por fora
A minha intenção era viver sonhando
   acordada
Aquilo que temi tantas noites seguidas já
   era quase o meu desejo
Estar de olhos e ouvidos bem abertos
Coração na boca, esmeralda na mão
Espelho sereno que a mata ciliar abraça
Duas alianças de diamantes numa década
   lapidada.

[**Depois do *Boeuf Bourguignon*,
   o *Crème Brûlée*]**

Ganhei uma camisa masculina, só que do meu
   tamanho
Ele preferiu a cor vermelha, eu sinalizei
   que gostara dela, pois havia cinza e azul
   também
Mas ele me mostrou a outra cor
Fez-se a dúvida, depois me decidi, logo
   após ele ter saído da loja
Ele estava com pressa, eu também. Estávamos
   voltando do trabalho. Eu indo para outro,
   e ele voltando para casa
No intervalo do almoço, aproveitou
   o shopping para um passeio, nos
   presenteando

Ele com ele, ele comigo, eu comigo, eu com ele
Então, voltou correndo e me trouxe algo mais parecido com ele, eu queria usar as cores dele
Verde militar, amarelo queimado, também azul, e no meio identifiquei um ruivo acastanhado e tons de vinho tinto que completavam o xadrez!
O garçom do bistrô parisiense repetiu a pergunta: "Guardou um espacinho para o café?"
Respondi sorrindo: "Não!"
Pois quero esperá-lo para tomarmos juntos. Aguardando o outono...

[**A vela é a vida**]

Quando você sopra, ela se apaga
Eu já havia perdido a esperança
Por motivo de esquecimento e paixão
Eis que fui presenteada com duas, minúsculas em meio às frutas
Como pedaços de madeira na floresta nevada
Só temos vinte e quatro horas para chamar de nossas
Eu sinto cada minuto entre as duas meias-noites.

[Sede]

Suor, corpo quente, tão lindo poder escapar
  da morte assim
Danço para não morrer!
Para lembrar da minha força
Para aprender a cair com o corpo leve
E, principalmente, para me levantar sem
  resistir
Danço para deixar meu braço ser puxado para
  trás
Para me espantar com o rosto do
  desconhecido
Danço para encontrar meu tronco, meus
  peitos, meu abdômen, minha pelve
Para segurar menos ar dentro de mim
Para poder girar e sentir menos tontura
  dessa explosão do encontro comigo.

[Oratório do soldado]

Quando vi alguns rabos de gato laranjas
não tive dúvida
Fiz a volta e rumei em direção ao sudoeste
Fui numa caçada ao sol
Ele refletiu por si só no retrovisor
Quando dei as costas e virei para retornar
  à casa
Um momento de transmutação
Dirigia de forma automática
A busca pela luz misturava-se ao meu grande
  amor

Nos arredores do seu quartel
encontrei uma fortaleza
Pude me perder
Havia contornos
Estar vígil é ser livre?

[**Conexões**]

Se hoje sou assim
é porque já estive dentro de você
Frio me deixa feliz
Menstruação, vulnerável
Meu poder é invisível
Calço minhas botas
com muito orgulho
E trago uma marca de catapora no meio das
    sobrancelhas
Herança paterna
O ácido (e uma nota salgada) não acentuam o
    próprio doce?
Manjar das deusas
O Anticristo
Que momento de revelação e redenção pode
    ser a clausura
A única realidade é a terra firme
Onde não somos holográficos
Predominantemente amorosos
Vivos!
Até a próxima fenda.

[**Sofrendo**]

Eu me espantei com o abatimento que retirou
 um pouco do viço da tua pele, sempre tão
 linda e bem cuidada
O que está lhe faltando do lado de dentro?
Provavelmente amor...
Mas do que exatamente você precisa, eu,
 definitivamente, não tenho como saber
Me amar muito é te amar
É seguir o teu maior legado
Que foi me dar para o mundo
Somos todas as pérolas e as pedras dos
 nossos caminhos
E pinto meu rosto
Alimento minha alma com palavras, cores e
 doçuras
Só falta o paletó preto
para o velório da menininha
Quero trocar!

[**Partículas**]

Como ácaros dourados sobre o edredom,
O invisível que sentimos no nariz
O chão muito gelado
O abraço que conseguiu me despertar
Eu só abri a porta
Fazia uma semana que o pai canceroso
 falecera
Meu amigo! Que bom que você está aqui
Choramos os dois de alegria

Num momento de dor e fragilidade nos reencontramos
Pudemos estar lado a lado
Ai, que abraço bom! Sem afetação. No mais, puro silêncio. De corpo inteiro
Dois corações que se conectam quando os braços se abrem
Os olhares se cruzam
E há o render-se
Veja que os olhos já estão fechados...
Entramos na terceira dimensão!
Aquele calor
O amor do reconhecimento da diferença
Tivemos a graça de ter os personagens da pré-adolescência
E eles me visitam de madrugada com frequência
Ele era o sábio, aquele que aceitava todas
Tanto que eu admirava intuitivamente essa tolerância incondicional
Hoje entendo que um bom homem precisa ser um bom amigo
A outra, um pouquinho mais desafiadora, não me visita
Vinha de um lugar um pouco caótico e que pegava fogo
A genética e as heranças pretensamente conhecidas
As combinações são infinitas
Num lugar como aquele, para uma criança triste,
a trama da aranha
O fio de lã que possibilita o chambre azul do outro que agora me aperta a cintura

E o café que já apitou na chaleira branca
   francesa
A cuca era recheada com pêssegos
O moço, alquimista, dissera que precisava
   de um invólucro específico que eu
   desconhecia totalmente...

[**Buraco**]

Pode ser o reflexo da montanha sob os raios
   de sol
Não necessariamente estou no fundo
Afinal, estou vendo tudo isso
Começada a escalada, posso pensar assim
As paisagens se afastando
Eu cada vez menor diante da imensidão
Chegando ao cume
Os pés firmes no chão com o céu ao lado
Liberdade e autonomia como companheiras
Amor-próprio e amor ao próximo
O mundo gigante é inevitável.

[**Aprendizados lilases**]

Cheguei até minhas entranhas
Percebi que eu ficava bem sem ela enquanto
   dançava
Apoderava-me do meu corpo, possuía a minha
   pele e todos os meus órgãos

Senti a fragilidade de ser muito pura
  (ainda)
O privilégio de saber que pelas mãos dele
  eu também vim ao mundo
No palco pude captar o meu próprio
  inconsciente.

[**Coreógrafa de mim**]

Ter uma porta
Nem que seja de emergência
E mais parecida com uma janela
Dentro de um voo longo
e muitas vezes mortal.

[**Ensaio**]

Hoje é um dia muito especial
Estou acompanhada de grandes jovens
  mulheres
Voltarei à luz do palco e a seu chão negro
Já estou maquiada
O sol nascente invade a casa
Tomarei meu café musical, rítmico e
  melódico
Sentindo os movimentos com meu corpo
Gozo em meus poemas!
Renovação é tudo de que a gente precisa
Te dizer não era te perder para sempre

Consideração: palavra que une amor e
  respeito
(intimidade e privacidade).

[**Memória**]

Cansadas de ressoar a vibração do ambiente
A arte custa a travessia a pé
Com os sapatos nas mãos, cortamos a frente
  do palco: somente luz, foco e linóleo
O mundo quem sabe te observe, mas o que
  importa é fitar a linha final
Especialmente para nós, fêmeas, o não
  autossacrifício tem um preço mais alto
Liberdade para que o outro também ouse
  criar a sua própria realidade
Caio do cavalo e tenho olhos de ver!

[**Memórias do subsolo**]

O chão tremia acima das nossas cabeças
Sapateavam cantando na chuva
Magicamente o arco-íris tornou-se neon
Companheirismos, sorrisos fáceis
  misturavam-se ao nervosismo da estreia
Silêncio
Longas pausas
Alongamentos
O aquecimento ficava pelas intensas batidas
  do coração sentidas debaixo da terra

Nossos ouvidos sintonizavam naquela
   frequência da excitação e da alegria
Os abraços antes e depois da coxia
Muito calor humano
Infinitos personagens...
Danças de salão, balé clássico, jazz,
   street dance
Tempestades de lágrimas num contemporâneo
   melódico
Um tango à Piazzolla feito no solo
e um ritmo que só se pode ser de corpo e
   alma.

[**Íntegra**]

Não me esquecerei das quatro horas
O despertador ecoando na quadra toda
Seria um louco com uma corneta na mão até
   esganá-la?
Do medo de que ela não fosse
Da lua cheia dourada
Do segundo tombo do celular
Do encontro
Da mancha de café no agasalho rosa
Da quebra do gelo quando ela tocou no
   assunto
Do dividir o mesmo avião
De ver o sol nascer de um lado e a lua já
   branca do outro
De me abrir para a vida
De deixar o rio correr
Das semelhanças e diferenças

Do humor que ia mudando à medida que eu me
   aproximava do fundo
Da voz doce ao assegurar: qualquer coisa,
   estarei aqui do lado!
Da dor de senti-los lá somente dentro de
   mim
Do receio de não ser compreendida
Do *tsunami* de lágrimas que desaguaram
Quem sabe tenham demarcado a distância
Um conselho divino: perdoe!
— Ame! Gritava eu em silêncio
Um beijo
Senti e aqueci meu coração
Fui o que mais soube ser na vida
A minha criança estava lá
Eu, por completo!
Na noite mais difícil, estava me sentindo
   em casa
Lembrarei
Das risadas!
Da segurança de ter cuidado do outro e se
   cuidado
Das piadas de quem já sabe que não é
   perfeita
Da beleza da inteligência aliada ao bom
   humor
Do valor da honestidade.

E DEPOIS

Que este livro dure o tempo de um banho de banheira...

[Próprios sonhos]

Quando você decide
viver
Piscina
Biju
dançando como uma andorinha só
que faz verão.

[Tubos]

A tristeza é uma passagem
Como as folhas no inverno que cobrem e
    colorem o chão até desaparecer
Havia espaço, e pela intuição infinita de
    possibilidades,
visualizei órgãos de ressonância em alguns
    lugares em que estive
Parecia que eu estava sentindo as ondas
    dentro de mim...
Como se meu corpo todo fosse um espaço para
    o movimento das águas
O oceano nunca foi algo próximo
Ele representa o mar
Mas eu me tornei a própria maré!
Transbordei
Você...
Eu...
Nós...

[Poder voltar a arrumar a casa]

Como quando iniciamos
Fomos interrompidos, feridos
Você aceitou a benção
Assim é que se combate o mal
Organizar e namorar os nossos objetos
A sua insistência para marcar o tempo
Fiz uma torre de Babel no meio da bancada
  da cozinha
Criei, pela primeira vez, uma cidade
  fictícia, mundial
Pus Chagal para despertar sonhos diurnos
Klimt em 3D flutua junto
Adornei novos altares com pérolas negras
Comi poeira, abri baús, revirei gavetas,
  estendi tapetes
Não sosseguei até não encontrar madeira,
  empilhar pinturas e colar bordados
Fios agora mais visíveis dessa grande teia
  inefável
Mexi nos teus navios e helicópteros
Camurça me lembra vacas
Um lugar tão rico em símbolos
O fazendeiro sobre o telhado
A vida sendo predominantemente azul
E o corpo insistindo no vermelho
Antes de a Adélia me contar, eu já vinha
  reparando em formigas.

[Poesia não serve para nada]

Queria encontrar uma palavra para descrever
   o meu chapéu!
Pensei em clássico e tantas referências
   surgiram
Como gondoleiros em Veneza
A principal, que nunca sai de moda mesmo,
   é a alegria!
Ser resgatada e pescar uma amiga que está
   apavorada porque algumas pessoas chamam a
   polícia quando ouvem risadas dos vizinhos
Reviver uma saudade imensurável das tardes
   em que comíamos salgadinhos na garagem
ou em uma calçada qualquer das ruas
Havia uma sexualidade latente
Na espera e na confiança de que aquela era
   só uma fase
Um cachorro-quente com duas salsichas e uma
   Coca-Cola fazem os peixes pularem para
   fora d'água
O brigadeiro subiu para a cabeça
O que encanta no balanço da saia cotelê
   negra com botões dourados
O que pinta nos babados da blusa de seda de
   poá
não são o preto e o branco nem as palhas
   trançadas,
mas o laço de gorgurão que contorna a aba
   reta da memória
Deixar um registro no recorte do tempo:
   aqui, agora, já!
é o que nos torna humanos
Como serão os próximos vinte anos?
Leveza, felicidade, tranquilidade, criações
   à la Chanel?

[**Escrever**]

Quando sentir dor, escreva!
Resista
Ressignifique
Engraçado como ele cuida da casa ou do coração dela para ele
Tão boa essa sensação de remexer nos armários
Amor apimentado!
Ele põe o vinil para girar e fica sendo meticuloso, detalhista...
Os cantinhos com poeira
Por isso eu odeio aspirador de pó e ferro de passar
Quando ele sai, multiplico meu amor-próprio
Naturalmente, preciso olhar mais para mim
E desta vez me energizei como há muito não fazia
Hoje recebi outra pessoa para me ajudar a limpar os móveis e o chão
Revivi aquela sensação à deriva, só que comigo!
Ai, ele não para de ouvir Pink Floyd
Surgiu uma glicínia na frente do meu escritório.

[**O que aprendi com as abelhas**]

Não adianta passar álcool
Não é o mel da cerveja
É a energia

Não acho que fosse somente o creme de rosas
   também
Não estava só na pele
Eram o corpo e a alma inteiros
Ousa dizer que são os quatro elementos e
   não espera pelo menos uma colmeia?

[**Cercado branco**]

Comprar um pão bem baratinho numa padaria
Comê-lo no saco mesmo
Uma peta e uma broa de milho
Do meio para o fim de uma tarde extremamente
   quente
Pedir um chá gelado e avarandar a alma
como no Tennessee
Sentir o corpo arrepiar de frio
Mortadela e queijo prato para fechar o
   banquete no jantar
Receber uma ligação pedindo manteiga
Desfrutar as horas como quem se apaixona
   pela vida a cada nova oportunidade.

[**Lá fora os campos estão cheios de flores**]

Poucas coisas são tão boas quanto ir a uma
   confeitaria nova
Ainda mais se ela for requintada em sabores
   e ideias
mas simples na aparência

Aquele camafeu de nozes de chocolate
　branco...
Um brigadeiro de caramelo e amendoim;
　bombom de morango e de cereja; casadinho
　sempre
Sei que eu tento recriar a minha realidade
Sandália de frade em pleno dia de São
　Francisco
Surgiu uma *tartelette* de maçã, mais um bolo
　gelado de coco
Para uma mulher que lá estava e só
　reclamava
Nada curaria suas chagas.

[**Pina já sabia no café Muller**]

Que a onda também é violenta
Eu sou uma mulher completa!

[**Observando gaviões**]

Essas orcas respirando nos fiordes são tão
　você!
Te amo por ser baleia
Me ajuda a descobrir o que seria:
　despertando como gérberas?

[**Liberdade**]

O maior legado de um pai.

[**Aurora boreal**]

Eu quero ver o mar do Norte batendo na
   encosta
Ser *viking*
Depois do vento glacial minha alma rodou
Dancei até congelar os ossos
Despertei para o mundo invisível
Aquilo que sonho é meu templo
Cada pedacinho de imagem se tatua em minha
   pele
Quem ressuscitou fui eu!
Pude fazer o caminho de volta
hoje, pela segunda vez
E agora, para retornar ao dia em que o chão
   se abriu,
onde tudo começou
Viajo só porque assim o destino quis
Para a possibilidade de desfazer o mal
O recomeço com que a vida graciosamente nos
   presenteia
Isto é um milagre!
Magia...
Fazer uma fenda nesta dimensão e costurar a
   ferida do mundo
Eu estou sendo acolhida completamente
Meu Deus! Muito obrigada
Finalmente minhas preces foram ouvidas

Eu sabia que este dia chegaria
Nossa Senhora Aparecida
Espírito Santo
São Jorge guerreiro
São Francisco de Assis
Anjo da guarda
Eu vivi para ver isso
Caio de joelhos no chão
Suplico
Estendo os braços
Peço socorro e aceito que peguem minhas
    mãos
Curem as minhas chagas
Compreendo o que a dor quer!
Abro o meu ser
Jesus Cristo
Para amar é necessário ser humilde.

[O lago é infinito]

As ondas ressoam
A imagem será sempre de alguma forma
    deformada
Assumo a minha face
Você traiu a confiança e o amor que eu
    sentia por você
Espero que algum dia você possa se olhar no
    espelho também
A vida é agora
Já!

[*Nessun dorma* de Puccini]

É a verdadeira lua sobre o lago!
Agora deu para gostar de noite também
Segui os passos de uma curicaca
Aquele pássaro que parece um pelicano
Mas cura "caca"?
Virei várias estrelinhas hoje
A mestra falou que, se alguém faz, você
   pode fazer
Fitei um pássaro azul e esqueci do verde.

[**Reparem na beleza das sombras**]

O fogo queima
A sombra na minha cabeça
Terra vermelha no cerrado
Minha natureza é mais escura
Como os troncos das árvores e sua imagem
   inteira
vista no chão, no reflexo
Até o branco do couro apareceu.

[**Orquestra sinfônica**]

Múltiplos pássaros por volta das cinco
Sublimes
Como nos contos infantis
O vestido é suspenso pelas notas coloridas
   até ser encorpado

Uma manhã quente e uma invasão de claridade
   em nosso quarto
Leve e com muita inspiração
Dou a primeira pisada no chão do dia, com
   mais fé.

[**Praia**]

Eu vou arrastar esta cadeira de deitar na
   areia
Eles estavam todos bem
Os relatos já eram passado
Mas o leão continua na sala
e cresce de sangue humano
No meio do caminho para a padaria, havia
   quatro eucaliptos gigantescos
Para garantir a extração da madeira, disse
   a leoa
Quanto mais enraizados os sentimentos, mais
   frondosa é a árvore!

[**Amadurecer**]

Não segurar a gargalhada por ter de pagar
   multas sempre no mesmo buraco
A vida sendo gentil e nós resistindo à
   mesquinhez
Que benção compreender o que se passa
   comigo
A espera preguiçosa e consciente

Como já anunciava Manoel: o dia não se
   descortina num piscar de olhos — que eu
   brinco ao parafrasear
contando com minha memória
Sendo luz posso inspirar alguns e me
   fortaleço em minha estada por aqui
Saber tirar a mochila das costas e
   simplificar
a receita caseira e original
Uma mistura de Lou Salomé com Nietzsche
Um quibe cru quando chega na mesa da
   cozinha
Um coco aberto bem gelado
A primeira viagem com os amigos
Que talvez simbolize mesmo o fim da infância
Minha tristeza é uma arma.

[**Segunda-feira maravilhosa**]

Casa linda
como das mulheres que eu mais admiro
Uma orquídea sobre a mesa de jantar
E a palmeira ráfia no escritório —
   tropicalismo especial
Luzes natalinas depois do primeiro dia útil
   do horário de verão
Manhã de trabalho artesanal
Tarde de leitura de quem se banhou em
   cultura mundial desde cedo
Filme sobre viagem para acompanhar o
   crepúsculo
Cair no sono para rematar a tardinha, que
   teima em prolongar-se

Descascar um abacaxi
Vários sentidos despertados — cuidados!
Ofício do bem viver
Acrescentar gengibre
Passar creme no rosto dele
Uma alegria pueril de saber que ele está de
 folga, por casa, tocando guitarra
Pôr para gravar películas que gosto; no
 momento, Mussolini está de volta para
 "salvar" a amada Itália
Bocelli canta Glória...
Prometi que visitarei Nossa Senhora de
 Fátima pelas graças já alcançadas.

[Poesia]

Me atinjam como um raio
Continuem falando comigo
(como suplicava Hilda)
Cada vez mais...
Imploro
E cigarras, loucamente, me façam muita
 companhia em dias infernais!
Quando eu escolho ficar e lutar
Nos meus sonhos me transformo na Alice
Aquelas vozes que dialogam na cabeça até eu
 pegar no sono...
Como pode?
Acho que elas são mesmo minhas, só que eu
 ainda não as conhecia bem
Pedaços
de mim...

O que é ser criança?
Minha imaginação é muito fértil!
Posso voar de madrugada
Tenho pessoas ao meu lado que me fazem
   sentir segura
É como no monólogo de *Água viva* de Clarice
Um coração que não para de bater
em disparada, como um cavalo selvagem.

[**Não é fácil**]

Não, não é fácil!
A vida não é fácil!
Divina?
De vida!
Vamos fazer isso: você me liga, eu te
   ligo...
Vamos tocar o barco juntos
Acendi uma vela linda ontem no presépio
Em uma hora ela queimou uns centímetros
É o fluxo!
Será que já temos uma relação?
Precisamos de um tempo maior para nos
   separarmos desta vez?
Amor é coisa séria
Assombrosa como é sábia a natureza: o pé
   formiga!
Deus, como está difícil pisar neste chão
Ao mesmo tempo, é para ir se despedindo com
   menos dor...
Ai, mas viver é tão bom! Eu não quero ir
   embora... temo o que não conheço!
Não quero mexer na planta, por enquanto.

[**Baguete orgiática**]

Vinho *rosé*
Fricassê de cogumelos
Chuvinha de leve na lona do bistrô
que fica a poucos passos dos meus aposentos
Novidade
Acho que é isto que realmente me encanta
Retroalimenta
Mesmo sem glúten, sem lactose, mas com
    açúcar (demerara!)
Gosto de sabores inéditos
Testes
Combinações
Por que não simplesmente substituir por
    algo diferente?
O tempero estava impecável
Quibe de quinoa molhadinho, pão de palmito
    com grão-de-bico?!
É, eu estou com muita fome
e a filha está dormindo
como um urso da realeza
Mas ela tem licença poética
Que raiva! Não deixo de gostar
Quanto encanto carrega a vela adormecida?
Os pequenos e honestos prazeres da vida
Aquele relógio que nunca para
Mais algumas horas que nos são dadas
No limite!
E ver as caras de espanto
Do horror quando o rio não segue o fluxo
    normal
Destoa
Provoca

Enlouquece
E tudo que ela disse que não aguentava mais sentir?

[**Felicidade?!**]

Mas você está estudando o quê?
Sim, a coisa mais difícil do mundo
Até a Cora ficou muito triste
Depois de um tempo,
bom tempo,
Percebi que o melhor
e mais seguro lugar para estar
é dentro da própria casa!

[**Tempo de comer cerejas**]

A maior delícia e até privilégio
é ouvir a música da vida
Algumas vezes acompanhando o ritmo, outras não
E noutras, criando coreografias próprias
Anseio por dezembro!
Deixar secar...
Suor
Sangue
e lágrimas
Rebu que é pura vida escorrendo nas unhas
A casa já está abastecida
Vamos antecipar o cheiro do Natal

Encher de amor e sonhos de um ano muito
   melhor
Preguiça
Carinho
Muitas carnes irão para a panela
Iogurte bem proteico (aprendizado com os
   pastores islandeses)
Granola crocante, quase caseira
Frutas secas (ameixa e damasco)
O que pode dar errado?
Nossa amizade é a coisa mais linda do mundo
Apenas humanas — construindo pontes.

[**A nuvem refletiu na casa da árvore**]

Ou a árvore é a casa?
Acordar
e ainda estar um pouco escuro
A chuva musicando
Ser a menina
e a mulher da floresta.

[**Olhando no olho da vulnerabilidade**]

Com a vida no colo
você se transformou nesta criança
   iluminada.

[Da Vinci em seu não afresco]

Estes somos nós e a nossa humanidade
Prontos para o banquete a qualquer hora!
Passear pelo telhado de uma igreja com
   sapato de couro feito à mão
Comer panetone o ano todo?
Quanta transgressão!
Arrivederci.

[Gaudí]

Chorei como uma criança que pela primeira
   vez entra em um aquário...
Os bichos são inofensivos
Estavam lá, vivos, nadando
Tartaruga, quer um ser mais primitivo e
   essencial ao humano?
Depois, lagostas...
Se divertindo, sendo!
Então, com duas taças de vinho branco, pude
   recomeçar, do zero não existe, mas de
   algum lugar mais natural
Lembrei do caldo de peixe na panela muito
   funda que minha *abuela* usava na cabana
Pensei nos cheiros deliciosos de areia e
   sal que se misturavam na Barceloneta
Fui posta num sofá vermelho com uma boia
   atrás da minha cabeça
Eu estava listrada de cinza e disposta,
   especialmente após subir as escadas até o
   terraço (antigamente claustrofóbicas)

Mas hoje não, a realidade estava aumentada
Os sons da música clássica e calmantes, a
   água jorrando como num caleidoscópio.

[**Casa colorida**]

Para morar, rir e ousar
Churros
Miró
Medito e entendo os meus próprios símbolos.

[**Um bom homem**]

Ainda reconheço aquele primeiro olhar
Contigo (e as tuas orcas) aprendi a gostar
   de cavernas
Subir e descer, abrir e fechar
Andar, andar e crescer juntos
Guerreiro é quem entende a palavra respeito
Camuflar-se é uma arte e sua mais alta
   potência é a sacralidade
Obrigada, minha mãe Maria, por ter me
   resgatado do fundo do mar...
Como um fruto
O sotaque espanhol é muito sexy
A música soa exata para a guitarra
Parecem fios se misturando e formando um
   arbusto que espontaneamente possui
   espinhos
Estava sentindo falta da água e fui atrás
   dela...

Estou um pouco inundada ainda
Como se vivendo propriamente dentro do
   navio
Sinto-a nos meus pés, gelada
Meu coração palpita, mas o ar passa bem
   pela garganta
Um espaço horizontal gigante pela minha
   frente, guelras nas laterais, como em *O
   velho e o mar*.

[**Poemas sinfônicos**]

Saia rasgada, porque o interior está
   cheio de vitrais coloridos e colunas
   assimétricas
Aroma de parque e som de papagaios...
Obras perfeitas para sentir-me mais próxima
   da criação
Perfume combinando pera e frésia
Renasci na Sagrada Família e aguardo (como
   a maioria) a conclusão da torre de Jesus.

[**Madri negra**]

A lembrança de que Saturno comeu seus
   próprios filhos!
Amores-perfeitos no parque da realeza
Um café literário que me trata como mereço
Achei meu vestido cheio de correntes
Turbante de veludo negro para as festas

Após ver *Guernica* tudo ficou triste
Uma bomba caiu no museu e espatifou tudo
Estava arrasada
Precisei de uma *cerveja* em São Miguel para
  me recuperar
O palácio ficou absolutamente antiquado
Um curativo do tamanho desta nação
Como algum dos coreógrafos anunciou: "dança
  é sempre uma celebração" ou "fazer música
  com o corpo!"
Vimos flamenco, baile, xales, franjas,
  castanholas, sapateado
Arco-íris com mais de cinquenta bailarinos
  numa noite de gala digna de Olé...
Teatro lotado, emoção e lágrimas pelo
  reconhecimento de que algo desta cultura
  também já passou pelos meus pés.

[**Porto**]

Silêncio
Cheiro de pinha e eucalipto no ar
Como se ela tivesse trazido aquela travessa
  para ti (e para mim, que "agraciadamente"
  nunca provei nada parecido)
Tripas... coração
Fitando gaivotas
Compartilho o vento do cais
Escultura "O anjo", também poderia
  chamar-se: aprenda a respirar.

[Tempo de aventuras]

Contemplando o rio
descobrimos cidades depois de nos perdermos
  pela serra
Estar próximo às curvas do Douro tornou o
  dia único e grandioso
Como aquele acampamento aonde você vai de
  caminhonete com seu pai para acender a
  fogueira e comer *marshmallow*.

[Minigolfe]

Dá para se resgatar memórias conhecendo
  novas praias...

[Biblioteca Joanina]

Chorei como um miúdo após ler a história
  trágica de Inês de Camões
De que adianta um milhão de folhas bíblicas
  se não as lê com o coração?
Acabei a noite nos aposentos dos empregados
  do castelo
Bebendo *Sonetos de amor* e Sagres.

[Fátima]

Um lugar aberto, simples, feminino e
   místico, como disse o antigo agnóstico
Orar com o terço dela nas mãos
A vela acesa apenas sinaliza mais luz para
   que tenhamos saúde
Estar aqui é uma vitória imensa!
Daqui para a frente é dia a dia
Belém e fado na Alfama, até as duas da
   manhã...
Este é o verdadeiro trem para Lisboa.

[Jardim de rosas]

A lua surgiu como um nascer do sol no
   horizonte
Cheia!
Presente de um final de noite com fogo na
   lareira em plena primavera
Os adornos aconchegantes e cuidadosos
A luz verde na sala, o xadrez com vermelho
   da rede
que balança
Colher amoras e pitangas no pé
Esquentá-las no fogo
Ver os dentes-de-leão crescendo entre a
   grama
O conforto de ter as mãos também aquecidas
A água salgada já é um bálsamo
Aprendi tudo que pude com vocês:
"Saber não ocupa lugar" — legado da grande
   matriarca —

Uma chaleira sempre em cima do fogão a
   lenha
Invenções da infância
Uma casa charmosa em tom de verde
   acinzentado
Lar que floresce diariamente
Júbilo que invade o coração quando a vida
   do espírito é transformada pelo poder da
   esperança
O pequeno se atirando ao mar para nos
   ensinar a ter mais impulso.

DO VOO

Acendi a luz novamente
O senhor quer que eu fique aqui?
— já segurando sua mão —
O pesadelo acabou!

[**Jardim suspenso**]

Como foi bom ver o nascer do sol
Ontem e anteontem...
Todo dia é um novo ano mesmo!
Um tudo que se descortina
Tons de laranja — cítrico e rosado —
  rasgando o céu
Tomar um drinque dessa cor no final do dia
  de trabalho
Porque alguém ousou, a primeira casa pôde
  ser construída
Girassóis em azulejos!
Madeiras esculpindo labirintos
Queria que tudo fosse curado com o nosso
  amor
Com um amor qualquer...
Ter dezessete anos querendo voltar após uma
  fuga desesperada
Tudo tem limite, até o amor.

[**Polenta**]

Nas próprias mãos pude sentir a vida
Nem tudo é biológico
Não há uma única receita
Você estendeu a sua de forma genuína
Com esse olhar pacífico que expõe tudo
Pude te reconhecer
Encarar tua face completamente
e conhecer a minha um pouco mais
Adocei ao meu modo

Amei a tonalidade final
Lembrei do sabor único da massa mãe
Sonhei com a broa de milho portuguesa
Delirei com o pão vulcânico, retirado do
   solo nórdico, e servido por um gentil
   camponês no meio da estrada.

[**Feijão preto**]

Sempre pensei que havia nascido entre
   artistas
Almoçávamos duas panelas cheias de feijão
   na casa dos avós
Falações, risadas e comida
É do barro que são feitas todas as coisas
Foi da lama que viemos e é para lá que
   voltaremos
Para fora, é assim que nascemos
Para dentro, é assim que morremos
Para dentro e para fora, é assim que
   vivemos!

[**Fogo**]

Até meus escritos rasgados estão voltando
como peças de um quebra-cabeça
Um espelho espatifado
Os cacos vindo do além
Entrando no mundo
Minha bisavó era parteira

A cavalo, ela andava na mata, debaixo de
   tempestade e à procura da clareira
O tordilho sou eu!

[**Verissimo**]

Sou da terra da Ana
Da Bibiana
E não de um certo capitão Rodrigo.

[**Quarta-feira de Cinzas**]

(Um dia todo para coisas desimportantes)
Plantar as próprias flores depois de pelo
   menos uma década querendo fazê-lo
Brincar de faxinar a casa
Pôr papéis no lixo
Empilhar os livros
Costurar botões na cabeceira da cama
Preparar um bom chá de mate tostado
Enamorar-se do aroma de chocolate e
   baunilha da madame
Encher o coração de alegria e orgulho
   pensando nas muitas jardineiras fiéis que
   pude observar atentamente enquanto me
   desenvolvo
Mulheres trabalhadoras, incansáveis na
   tarefa complexa de administrar um lar
A xamã repetia que não havia fim
Construtores felizes me inspiram

Quando os papéis são muito pesados, a
   sacola de juta pode rasgar
Há que se fazer um remendo fortalecido e
   seguir...

[**Uma dança africana**]

Procurei até encontrar alguém que dançasse
   num ritmo mais lento
Mais chão
Mais sentir
Mais tempo
E, num batuque, descarreguei totalmente
Extasiada
Nada mais importava
Só eu
Ela
Meu corpo
Minha alma
Os meus movimentos
e a vida
Quem sabe seja o mais próximo que já
   cheguei da entrega para a morte
Não sei... e você, minha companheira de
   costurar palavras, que benção!

[**Marte na lua natal**]

Tanta coisa para agradecer, Deus tão
   generoso, uma palavra pode mudar tudo...

Lembra aquela noite de sábado terrível? E
   na manhã de hoje, você sentado na cama e
   eu na cadeira...
Eu me superei
Fiz aquilo a que me propus: fazer amigos!
Ribeirinha eu sou
Gramear, o que seria?
Continue galopando...

[**As cartas me salvaram**]

Eu escrevia cartas!
Inúmeras cartas...
Desde criança eu ia ao correio enviá-las
   para amigas que moravam a quilômetros (ou
   milímetros) de distância da minha casa
Eu as guardei como um verdadeiro tesouro
Meu baú de memórias
Não tenho os meus escritos, claro, mas
   tenho as respostas, a visão dos outros
   sobre mim
A relação...

[**Ai**]

Como é bom poder dançar as próprias dores
Adriana tem todo o ritmo
Há que se rever a melodia quando nada ficou
   no lugar
Parei de ter pena

e comecei a cuidar de mim
Entre irmãos confiamos
Graças a Deus
Minha visão está mais clara e limpa, rezei
   tanto para que estivesse lúcida
Louca?

[**Mineral**]

Você é mais forte do que imagina
Difícil falar qualquer coisa
Conhecemos pouco as pessoas como a nós
   mesmos
Mas vi sua emoção querendo desaguar
   enquanto falava do seu processo
Estar ao seu lado é sempre muito bom
Você é energia
Você é minério raríssimo da natureza, com
   quem tenho orgulho e muita alegria em
   poder trocar.
O que é verdade?
O que sentimos?
Algo que clareia
Permitir-se ser luz...

[**Inspirações com sabor de outono**]

Pude sentar-me na grama mais cedo,
absorver o sol
Sentir uma folha seca sobre minha pele, que
   me despertou

Ouvi o choro de um lobo que uivava de uma
  janela pequena lá em cima, sozinho,
  estava preso
Naquele instante nos conectamos
E achei que estava numa montanha dentro da
  floresta.

[**Sofisticada**]

Eu só queria ser Lady Gaga
Sonhos com campos de papoula e
  transcendência
Damos a mão para alguém porque precisamos
  sair do inferno.

[**Outro janeiro**]

Vi a lua ontem; hoje, saí para caçá-la
No mesmo horário atrás dela e cadê?!
Não estava mais lá...
Eu não posso mais ficar fazendo gelatina
  (como um dia gargalhou chorando a
  maravilhosa Mrs. Maisel)
Que *insight* depois de um longo percurso
  feito com muita aventura e desventura
Num fantástico vestido branco decote canoa,
  acinturado e até o joelho
Com forro de armação
Para junto dele ser mais uma flor colorida
  do jardim secreto.

[Verão]

Acordei com sede de viver...
Nada como o sol refletindo na água
  cristalina para trazer energia
Lembrando que a lua está cheia!
Tão bom esse ritmo de clube que remete
  especialmente às crianças...
E ao brincar
A necessidade de só curtir o momento!

[Lua de cristal]

Sorvete com *marshmallow*
Ponto
de
exclamação!
(banana *split*, de preferência — com farofa
  e cereja)
Para noites mais amenas pode ser um
  Colegial
Sucos naturais
Aquelas bancas de frutas do Rio
Isso me deixa tão feliz!
Lembrei também de uma sorveteria que abriu
  do lado da casa nova
Numa noite de férias, um democrata me fez
  refletir sobre meu tom de voz
No interior, a educação era assim:
Cada um ajudava no que podia e sabia
Íamos nos criando em grupo, em partes?!
Talvez por isso pince memórias e as cole
Tem algo melhor do que chegar em casa e
  picar uma couve para refogar?

[Goma rosa]

Lembrei de um hábito do meu avô
Assar batatas-doces no fogão a lenha, ele
   as esquecia lá...
Hoje tive o privilégio de reviver esta
   sabedoria com sua crônica
A degustei quentinha agora e pensei:
O maior aprendizado se dá pelo exemplo
   vivido.

[Lembrar para não esquecer]

De chegar na sua porta e ver que aquela
   casa tinha uma treliça budista
Cheia de espaços quadrados
Convidava para entrar, sentar e respirar
Sua velhice lúcida é muito charmosa
Seu couro em tom de carmim bastante
   feminino
Eu quero lavar a alma!
E cadê a sedução? Pôde ficar em casa.

[Vale uma vida um amor como o nosso]

Você é flor de bergamota
Vou meditar para preparar a noite em um
   pouco mais de paz
Acha que o verão não tem temporal?
Não conheces nem uma estação!

Em águas profundas... como Deus quer às
  vezes.
Olhar travesso de sempre
Fui em busca do vento em frente à catedral
Flores secas não morrem, mas embelezam e
  permanecem
O trigo
Capim tingido de verde acinzentado
Mimo de Vênus
Pimentinha
O solo da orquídea estava apodrecendo
  naquele vaso
Pôr as raízes para secar no sol do
  outono...
Cada um planta sua própria lavoura
Nunca estivemos tão vulneráveis e isso
  assusta um pouco
O universo chama para aquilo que a alma já
  conhece há tempo
Poesia é integração!

[**Broto**]

A bromélia pediu refúgio para a hortênsia
Sua raiz estava encharcada
Sua flor e suas folhas apodrecidas
A terra que estava em volta fora retirada
  em parte, descartada
Na sombra do inverno da alma poderei
  repousar um pouco?

[Já é abril mesmo que você não queira]

O verão acabou
O verão é muito intenso
Rápido
Fugaz
Em pleno outono
Maranta
Folhagem riscada com tons lilases
 protetivos
Comigo-ninguém-pode
É muito paranoica, foi fazer morada num
 vale de uma árvore cinquentona!
Petúnia do universo
Desconhecida, exótica, aveludada, profunda,
 folhas de couve, houve, ouve...
Rosa do deserto — eu
Quem sou eu, agora?
Um novo pomar suspenso
O inço não cresce no ar!
E a orquídea morre sufocada na terra
Sim, sim, sim
Acho que o despertar me trouxe isso
Você cresceu para valer!
Fale o que deseja, construa, seja honesta
 consigo e com os outros
Portas irão se abrir, no mínimo, janelas da
 alma
A dor que vivi me deixou muito insegura
Foi uma explosão de realidade forte demais
Enlouquecer meu falso controle do mundo
Agora, uso o choque para mensurar minha
 força como a capitã Marvel.

[A vida é eletricidade]

O mal mata
Frita
Aroma de flor de laranjeira
A missão de Jesus
Mesmo assim, vesti um *blazer* de linho dele
   e fui trabalhar bem bonita!
A gente faz mágica também...
Como o Dumbo que voa sobre o picadeiro.

[O quarto do bebê]

Vê-la amamentar à vontade
Depois o peguei no colo rapidinho
Ele estranhou um pouco
É impressionante o quanto o bebê entende
   tudo
Que delícia estar junto
Eles são hipnotizantes...
Um olho verde imenso
traz a gente para a essência da vida!

[Seria o cheiro uma memória em separado?]

Apenas sentir o cheiro, dar um cheiro,
   respirar...
Depois que inspira, você precisa expirar,
   se não, morre!
O que é a vida?

O cheiro é o gosto? A saliva? E depois, só
depois, vem a fala...
O ar que passa pela garganta e treme
Os olhos vendados para fora e fechados para
dentro
Se os abrir, o mundo torna-se infinito
Os ouvidos ouvem coisas ditas e silenciadas
desde sempre
Não armazenamos na memória, sentimos no
corpo
Avisamos com o invólucro que nos é dado ao
entrarmos neste mundo
Somos alimentados pelo cordão, nunca tinha
pensado nessa dor do umbigo que nunca se
esquece do corte inicial
Agora é com você, comigo!
A plenos pulmões chore, esperneie, sugue,
engula, nutra-se, faça a digestão
Ponha o que não lhe faz bem para fora
Seus olhos poderão fechar-se novamente
Seus ouvidos
Sua boca
Seu coração
Menos suas narinas
Essas, só no último suspiro, antes do
adeus!
Me perdi no caminho, o cheiro é ter algo
para si, uma memória de algo ou alguém
Da água pelo menos onde tudo começou?
Quem sabe do paraíso que nunca foi perdido,
porque nunca houve e jamais será
encontrado
A ilusão do útero é apenas mais uma que
criamos com nossa mania de falar mais que
a boca e essa tal fé na vida!

A vida é sobrevivência, adaptação e
  vivência quando possível
Acordar pela manhã é a vida
Dormir à noite é a vida
Se puder ousar ser você
Livre?!
Ahhhhh!
Quantas dores, feridas, estufamentos,
  congestões, urgências criadas
  desnecessariamente
A vida é sempre mais!
Não atrapalhe a vida
Respeite o mistério
Somos frágeis o bastante
Mas somos fortes o suficiente para
  naturalmente carregarmos a vida dentro de
  nós
Se eu tivesse nascido em outro lugar e
  precisasse migrar para este continente,
  o que fazer se fosse um pássaro, que não
  voar?
Era sobre isso que falávamos na mesa
Travessia.

[**Aniversário**]

Untar de capim-limão
Cheiro de Provence nas mãos
Girassóis na vista
Borboletas nos galhos
Nebulosa ficou leve
Alice no meio de mulheres e homens
  incríveis com suas bibliotecas interiores

A igrejinha eternamente comigo
Uma necessária viagem
Trufas pelo caminho
Esquecimentos
Eu me transformei num vaso de barro ao
    amanhecer
Um coral do fundo do mar da China.

[**Dor**]

O começo do fim
A estrutura
O urro final do parto
A expulsão
para a liberdade conquistada pelos próprios
    pés
O chão estava frio, você sentiu?
Sede
Vontade de desistir
De sair da roda
De sucumbir à inércia e à preguiça
Mas não
Segui com meus movimentos incertos
Você tem uma plástica própria
A força de uma pantera negra
Seu corpo miúdo assusta
Sua presença feminina
uterina
invade a sala
Suas vértebras claudicantes
não poderiam segurar pratos
Você colocou o jazz que tem cinco
    compassos, né?!

O que fizemos ali?
Pina esteve lá?
Acho que sim!
Atravessamos o palco inúmeras vezes
Amei muito!
Nunca tinha dormido meditando e continuado
   sentada com minha coluna firme
Minha alma foi para onde?
Senti como se já tivesse passado toda a
   madrugada
Seu trabalho é visceral
Você se tornou tu (...)
O corpo tem seus próprios saberes
para nos colocar nos eixos
Donas de nós
De mim
Três
Dois
Um.

[Colheita]

Que ovos você anda chocando?
Onde é isso?
Essa menina não tem medo de amar
e ser amada!
Se não for amada, morre
Já posso desabrochar!
Desfolhar a gérbera para nascer a margarida
Vitórias e derrotas
Não dá para estar sempre no topo
Ou o risco é ficar no final da corrida

Só quero meu corpo de volta
Minha vida
Essência
Alma
Alegria
Leveza como a menina que está de camiseta amarela e macacão jeans
Eu matei uma lebre na estrada
Que não é coelha nem coelho
Um bicho tão veloz ficou parado em frente à luz
Se assustou com o excesso na escuridão
Foi um pouco antes de atravessar a ponte
Que dor
Quase chorei
Senti tristeza
Me senti uma assassina!
E na volta precisei ver o cadáver estirado na rodovia
Éramos eu e a lebre
Fui enganada
Responsabilizar-se pela própria vida!
Renúncias ao lugar de Jesus?
Ou pior, de Deus pai todo-poderoso?
Essa é a verdadeira lição
Um feriado longo
Reflexivo e altamente meditativo
Milagroso
Deixar as cruzes para trás é renascer
As chagas já foram lavadas pelo sangue do imolado
Não há mais que pingar
Jesus é pura transgressão!

[Casa das rosas]

Quando essa dor passar publicarei este
   livro!
Ou seria o contrário?
A minha natureza
Não sou feita da mesma essência que você
Basta!
Chega de me enganar, chega de mentiras
Omissões
Pode ser que a crise tenha desvelado o seu
   animal
Mas eu sou rosa
Preciso cuidar dos meus espinhos para
   florescer de verdade
Sou muito frágil
Posso ser amada e respeitada ao mesmo
   tempo.

[Gestos]

Creio que o melhor da vida está mesmo no
   recheio
Apesar de poder mudar a aparência plástica
   das coisas momentaneamente
É a essência, aquilo que dá sabor
É a graça!
A surpresa: a carambola que foi para dentro
   da massa de coco e nata
A luz e a sombra das paineiras cor-de-
   -rosa...
Pequenos ou grandes gestos
Novas palavras

Frescos sentidos às velhas
Jazz...
Sotaque francês
Sorriso de uma senhora que tem tempo
Outra que atravessa a faixa de pedestre
   fazendo aviãozinho.

[*Western*]

Você é mesmo meu
Por me ensinar
todos os dias
a ser tua
Amei o presente
que é ter sempre
a sua presença
na minha vida
Todos os dias...

[**O cheiro da rosa de romã**]

Quando o céu
Vira mar
Quando alguém
Tem mais a dizer
Do que eu
Ouço
M
P
B.

[Cultura matinal]

Pessoas a postos cedo na cidade
Salgados cheirosos e suco de laranja
Alguma boa notícia na capa da revista?
Um moço belo e delicado varrendo a calçada
   da rua
Depois de um beirute tudo ficou ainda mais
   paulistano.

[Não tem fim]

Fui atrás das paineiras outra vez
Estavam encharcadas
como brincos
Que riqueza!
O chão estava repleto de rosa e branco
Até escorregadio
O tronco parece o corpo de uma mulher
gostosa e curvada!
Os galhos formam um anteparo
A beleza ainda mais estonteante porque é
   leve e coerente!
A árvore da vida estava dançando
Ela só podia ser olhada num todo
Minha cabeça curvou-se para alcançar sua
   copa
Ficarei por aqui
Quem sabe amanhã eu volte!

[Quem não tem piscina]

Compra uma cama mar...

[Como se diz eu te amo em italiano?]

Ser mãe, para mim, é tornar-se dispensável!

[Pó de estrelas]

Ontem tive um despertar muito profundo
durante a meditação à noite
Sentada em posição de lótus na minha nova
   colcha verde acinzentada
Senti uma ligação de um lugar diferente...
Abri os olhos da mente, me deparei com
   múltiplas estrelas
e comecei a ir ao encontro delas num imenso
   e côncavo espaço negro
Acho que tive um pouco de medo
Lembrei então de vocês
Vi fragmentos de constelações que formavam
   algo parecido com o cavalgar...
As imagens permaneceram em movimento
Eu queria ficar mais tempo ali
Naturalmente fui retornando para a tela
   preta dos meus olhos fechados
Entendi que havia terminado
apesar de ainda faltar um minuto no relógio
Deitei no meu travesseiro fofo

Decidi dormir naquela imensidão de amor,
   conforto e segurança
Éter?

[**Domingo de maternagem**]

Você esteve comigo há pouco sob uma árvore
   e a luz solar
Contemplar uma mosca verde que planou na
   minha linha de visão
Ouvir o vento
e, ao me levantar, chegar mais perto de
   uma palmeira com uma gigantesca teia de
   aranha prateada
A mãe estava lá tecendo seus fios da
   existência...
Mais ao lado, quando já havia me despedido
   dela,
eis que tenho mais uma grata surpresa:
Outra teia reluzida pelos raios dourados
Mais uma,
e ainda outra
à medida que eu caminhava de volta para
   casa...
Aranhas jovens bordando seus delicados e
   resistentes lares
Um dia repleto de afeto e novas memórias.

[**Negação**]

Renegar a própria origem
Movimento de matar o outro ou parte dele
  ainda viva
Quanta arrogância frente à força da
  natureza
Mas, se essa é a única forma — cindida —
  como ela pode viver/sobreviver naquele
  ecossistema,
o que fazer?
Édipo cegou-se com um punhal...
Deslocamentos...
E talvez já não seja mais capaz mesmo de
  ver
Isso é muito triste!
Optar pela tragédia com a vida sendo uma
  verdadeira ágape
Foi o que aquela moça que chorava copiosa
  e desesperadamente pelo amor carnal me
  ensinou
Ou, para amenizar, que algum dia fique
  menos (?) doído por entendermos que
  alguns, realmente, já nascem sem essa
  condição primordial da gratidão
Amar igual, sim, mas não vai dar para
  amamentar, talvez...
Reconheço você nessa sua dor
Aceitar como você é é poder senti-la
E quem sabe assim vê-la com menos
  desconforto
Sem esperar que você possa fazer o mesmo
  comigo!
Somos muito diferentes
Há um abismo entre nós que nos comunica.

[Canal de Suez]

Acabei de comer a sobremesa árabe já no
   avião
Manteiga, farinha, açúcar, pistache e
   identidade
Sua liberdade de ser e sua alegria
   contagiante
resgatam a necessidade das vivências
   prazerosas diárias
Nessa viagem louca
recuperei meu minibatom perigoso
Estava no bolso da jaqueta de couro
com cheiro de Lisboa
Maresia de uma Porto mais alegre...
Lá Lá Lá
Fronteiras, margens, eu sou só!

[Viagens existenciais]

Dentro de mim
que eu não sei se darei conta
Não ela, eu!
Ela esticou as pernas e se sentou
   confortável na poltrona
Enxerguei a árvore da felicidade depois de
   anos!
Estava bem atrás de mim
Ainda não acredito nisso...
Dentro de um ambiente seguro e acolhedor
E agora Freud?
Como não saltar no abismo de mim...?

[Olhar o mar pelas janelas]

Que onda é essa que estou vendo enquadrada?
Quente, verdinha, aquela onda que vem trazendo ritmo, sabe?!
Uma piscina natural quase...
Calmaria em meio àquela quantidade enorme de água
Funda!
Com bordas
Eu estou no banheiro, tomando chuva dos outros que não souberam usar o vaso, mas sim a tampa
Tento limpar e, claro, saio suja
Não consigo arrumar minhas trouxas de roupa, meus papéis?!
Mas olho para fora e vejo um carro atravessando o mar
Num momento, ele fica submerso
Me assusto
Parece haver duas pessoas lá dentro
Eles reaparecem...
Cortam à força, arriscam serem levadas pela natureza
Lembrar que eu sonhava com *tsunami* primeiro
Depois, mar agitado, que só me despertava medo e afastamento
Agora tenho vontade de acordar
Acordo
E pinto esse lugar para me refrescar
Minhas unhas estão esverdeadas
Meu corpo todo, menos meus pés, que eu pensei em lilás.

[Amigo]

Você não quer ser meu companheiro de viagem
Fogo ardente de paixão
Chorei ao ver as luzes apagadas da sua
   janela
Você fugiu! Para variar...
Cadê você? Esqueceu?
Foi embora antes da hora...
Era meu aniversário
Eu preciso tanto
Me faz muita falta
É importante para mim
Não aguentaria te perder
Volta!
Eu queria uma palavra que me curasse
Encontrei um dicionário em teus braços
E agora, o que eu faço com essa literatura
   toda?
Poesia!
Eu quero mais, eu quero a vida, não
   mentiras nesse falso roteiro
Fraude, blefe! Covarde sou eu?
A fantasia é mais segura?!
Será que não poderíamos viver esse amor de
   verdade?
Ao me transformar no objeto do teu desejo,
   me tornei o sujeito que sempre quis!
Mas agora não tenho mais você...
Tenho a mim
Temos nós?

[**Anaconda**]

Quando quem o gestou se materializa numa
   lajota de doce de leite!
Sorte a minha
Liberdade têm os mendigos que se deitam no
   meio da rua
O mundo todo aos seus pés
Sobre as folhas
O céu outonal sem uma única nuvem
Aprecio o planar de dois gaviões
   delicadamente acima do prédio de seis
   andares...

[*Milkshake* de Ovomaltine]

Foi o bônus pelo sangramento?
Um excesso, claro, numa espera de aeroporto
Provei os dois e fiquei com o segundo
Liegelois (uma palavra nova)
Gentilmente sugerido pela moça que
   trabalhava adoecida
O inédito me capta, uma pá de ferro num
   caminhão de construção sujo de cimento me
   perturba
Quem olha para as pessoas que prestam
   serviços?
Ela não é sua escrava porque você tem
   direito de comer e beber à vontade!
Quem cria as regras desse jogo?
O que seria o tão afamado sistema?
Acho que aprendi a falar...

[Inspiração]

Foi uma deusa egípcia que me deu a paleta
Por intuição, pintei em mim uma noite
  estrelada
A cereja no meio do bolo
A esperança
A nossa relação
Saudade das nossas noites!

[O papel pegou fogo]

Sobraram as cinzas?

[Transcender]

Não estou traindo ninguém!
Estou sendo honesta
Talvez depois de muito tempo buscando essa
  liberdade
Tontura assustadora!
Estou entrando na realidade agora
Ainda com uma sensação fugaz de estar
  caindo neste mundo
Estou reaprendendo a andar com as minhas
  pernas
Porque eu não posso ser amada
  completamente?
Para que preciso excluir essa alegria de
  dentro de mim?

A paz de estar com alguém que realmente me compreende
Que me vê por completo
Não!
Sempre fui incansável na luta
O tribal e a rosa
Talvez agora meu medo tenha me trazido até você
Um amor que me preparei a vida toda para poder viver
Sem igual!
Completamente novo
Estou sem parâmetros
Meu corpo está febril e ele tenta resfriar-se
Bati na porta
Abri-a
Você estava lá me esperando... há muito tempo!
Estou flutuando.

[**Agradecimento aos meus grandes amigos**]

Estou me redescobrindo
Às vezes dá impressão de que estou me refazendo dos nadas
Eu fico absolutamente agradecida por poder conviver com pessoas tão fortes, sábias e marcantes
Me construo a cada instante assim
Acho que é só como sei viver
A fome, aquele espaço oco que se pode sentir quando se tem.

[Dançando e cantando na janela]

"*That's amore...*"
Já embalava a canção clássica de *Dean
 Martin*!
Espalhe seu amor-próprio pelo mundo
Estou segura de mim agora
Não quero mais concessões estúpidas
Não preciso te dar nada além de mim para
 que me ame!
Não! Não! E não!
Se o meu amor não basta, o seu amor não é
 amor.

[Desculpe-me]

Eu não consegui me despedir de você
Tua fala me desnuda
Eu desvio o olhar
mas você continua me olhando como se eu
 estivesse olhando
Você me conhece por dentro!

[Saudade]

Acho que estou com saudade de você!
Você se deu conta disso antes de mim...
Da profundidade já que estávamos diante da
 pedreira
Naquele tango, fui alertada de que estava
 apaixonada

Eu tomei as rédeas para variar
Me expus no dia em que você foi embora!
Precisei falar
Chega de ter dor de cabeça
Hoje é sábado
Gostei desta cantora de samba, me lembra do meu contrato comigo
Retomar a alegria de viver
No caminho da felicidade
Da plenitude mesmo que fugaz
Mas da leveza como norte!
Cansei de sofrer
Adoeci por ver tanta tragédia
Chega de Grécia
Quero o romance francês
O flerte, a inteligência das palavras bonitas, na ponta dos dedos, escolhidas para amar(rar) um ramalhete!

[**Falta**]

Espera eu chegar!
Eu largo tudo e saio correndo
A menina
Mas a mulher adulta tem outros compromissos
Tem que dar tempo... para caber eu e você no mesmo espaço
A você dedicarei o meu livro
Eu sempre te admirei!
Quero que saiba disso
Agora, dentro dessa turbulência horrorosa, entendo quando fala que nunca me faltou nada

Eu me rendo
Entrego a minha alma a ti, meu Deus
Somos absolutamente frágeis
Essa é a única e real verdade
Se o suicida se atira nos braços do vazio,
hoje percebo que você nunca foi isso
Um enorme anteparo — uma porta — na qual
　pude bater, que pude esmurrar; apesar de
　muitas vezes você não abrir, sabia que
　você estava do lado de lá.

[No país das maravilhas]

Que olhos e que sabedoria ela tem
nos vincos da pele
Como diz outra gigante polimorfa ao lembrar
　Adélia:
Erótica é a alma, e a ela, fidelidade!

[18 de abril]

Uma singela forma de agradecimento pela
　educação afetiva que pude ter
Quantas mulheres que ali escorriam o seu
　néctar de vida
Os pequenos segredos que só podem ser
　obtidos pelo preço da convivência
Da permanência!

[*Gauguin*]

Andando nu na Polinésia
Que liberdade desse homem que dorme como um
   bebê sem contenções
A loucura dele espanta e encanta
Sempre foi assim!
Van Gogh amou o bárbaro amigo.

[**E(n)rico**]

O trem está apitando aqui...
Acho o máximo isso nesta Cruz Alta
Um lembrete eterno do Erico!

[**Céu azul**]

Conectei-me com uma árvore barriguda ao
   despertar
Vesti uma camisa amarela de linho
Ouvindo as flores que graciosamente caíam ao
   chão
A placenta é a segunda ferida narcísica da
   mulher
Ou seria um canal para a cura?
A visão do bebê para sua mãe é como a de um
   gigante!
Os sapatinhos vermelhos de crochê inspiram
   a contínua caminhada
Estou parindo a mim mesma...

[Polainas reparadoras]

Idílico
Uma tarde muito bem vivida
Ver que, do tronco fino da bergamoteira,
 o fruto de outono se entrega para ser
 desfrutado
Seis amores-(im)perfeitos plantados entre
 as pedras!

[Fronteiriço]

Vocês podem não gostar de ouvir isso —
eu também não gosto muito —,
mas a dor é sim um substituto do amor!
Sempre que ela vier, lembre-se de que parte
 do seu coração está partida
Que audácia a minha
Dizer a ele ao pé do ouvido: que você faça
 uma transformação intensa
Sei que não é sempre,
mas aquele momento místico que vivemos na
 capelinha é o sagrado
Ficar bom
As palavras mais belas
estão em desuso?
Precisamos resgatá-las
Usá-las até enjoarmos
Degustá-las
Qualquer um pode entoar
Como rapadura de melado com amendoim.

[**Embrulho**]

Penso que se ensinam e se aprendem afetos!
Sua alma é
Seu corpo é
Mesmo que às vezes sintamos o contrário
Essa tensão entre o feminino e o masculino
Ele saía do mar e me encontrava na areia
Desfilava um calção azul acetinado,
  molhando-a com toda a sua libido
Ao vê-lo, não acreditei na generosidade da
  vida
Ele veio ao meu encontro no meio do
  violento Rio
Confesso que sua malemolência me assustou
  um pouco e o repudiei
Ele, nem aí, perguntou se eu sabia ficar na
  posição de lótus
Então, afastando-se um pouco, pôs-se no
  alto do terreno
Cruzou as pernas, sorrindo muito, levitava
  em seu amor-próprio
Conseguimos trocar algumas palavras
Mas eu me recostei em seu ombro e adormeci
Desapareceu feito fumaça
Quando reabri meus olhos,
  estranhava e reconhecia ao mesmo tempo
Respirei fundo. Após muito ouvir,
  notifiquei-a chorando de que ele estava
  partindo
Aquela senhora charmosa me abraçou, se
  despediu e disse para não confundir as
  coisas.

[Outono finda]

Que o vento corra pelo seu lar
e balance os voais...

[Dançando a vida para que a vida me dance]

Nenhum momento é igual a outro
Nenhum movimento
Cada um tem a sua coreografia própria
Exercícios sobre o tempo
Mover-se!
O corpo te levará de volta para casa.

[A bela juventude]

Você sempre me inspira tanto
Também me questiono profundamente
afirmando que nada sei
Absolutamente nada
Nós não conseguimos almoçar juntos
Para tu veres como a vida é perigosa
Julgamo-nos senhoras de nós
E somos com todos esses imprevistos
Ah, outra gaúcha é a Lya
Com minhas perdas
ganhei seus poemas secretos
Preciso parar de viajar um pouco
Ainda tenho medo do voo
Da suspensão

Planar ou pousar?
Quero um amor novo
E você, eu acho que conheço
Mas quando chego perto
espanto
Nossos ideais não nos permitem ver as
   nossas feiuras
Como éramos quando tínhamos cinco anos? Ou
   dois?
Me devorar seria te corroer em fogo
Sobrariam apenas as cinzas
quando você parasse de arder
Como eu me sinto mais ou menos agora
Poderíamos ser amigos?
Celebrando a vida
Comemorar que ainda estamos aqui,
que temos tempo
Um bom vinho, uma refeição criativa
Trocar poemas escritos a quatro mãos.

[**Ir-aí**]

Bugre, será que foi naquelas suas águas
   termais que me encantei?

[**Não há que se fazer nada**]

Basta respirar
Estirada e alongada em meu leito
me sinto como uma rainha

De forma poética me acaricia
O prazer dele é contagiante
Tão verdadeiro que posso me entregar
   inteira
Não há contração provocada
Circula espontâneo
Relaxamento
Não há busca
Só presença!
Um
homem
e
uma
mulher
Amor é energia em estado puro.

[Pombos]

Pensei que fossem abacates os frutos da
   paineira
"Lent(r)e e calma...
... foge a luz"
Essa era a cantiga solene que o patriarca
   entoava logo depois do terço rezado de
   joelhos pela família
Só de imaginar me arrepio
Quero aprender o tom, a melodia, a prosódia
E publicar para que este registro oral
   também seja eterno,
porque a vida é transitória
Vamos contemplar a graça das tulipas mais
   uma vez
e comer canjica quentinha!

[Irmandade]

Não estou perdendo um pai
Estou ganhando um "paizinho" — amoroso —,
 como diz a pequena
Os buquês dos ipês roxos
são as nossas hortênsias.

[O vento]

Me soprou que viver é despedir-se todo dia!

[Amar]

Não é deixar partir
nem dizer adeus
Ir ao encontro do mar
é aprender a sentir o até breve...

[Bebendo o leite da vida]

Sua boca pequenina totalmente satisfeita é
 poema pronto!
Teus olhos azuis-topázio ampliam o universo
Onde posso me atirar de novo.

[Recém-nascida]

A poesia se torna dispensável
Quando tenho você em meus braços.

[Das coisas invisíveis]

Sei que, como um fosso de elevador,
possuo os cabos de aço
Só preciso descer e subir
Quantas vezes puder e necessitar
Eu sei que você me ama.

[O tempo encontrado]

O amor não tem hierarquia
É lado a lado.

[Cartas]

Não me mande mais, por favor
São para os mortos
e eu ainda estou viva!

[São tantas nascentes]

Você me levou à nascente!

[Bom dia]

Descobri que também tenho passarada no meu
    amanhecer
Hoje, eles me tiraram da cama
junto à certeza de que os raios de sol irão
    surgir no horizonte
e se espalhar por detrás da montanha
Meus olhos poderão ver longe.

[Fotografia]

Uma janela por onde a luz penetra e então
    repousa.

[Tons de vinho]

Já estou com saudades
Poder deitar-se sobre a relva,
fazer surgir a sombra
e ali repousar
Consegue enxergar a cerca?
Folhas secas que lembram parreiral
e a delicadeza dos pontos amarelos

Quem seria o protagonista?
O vento que a qualquer momento pode fazer voar os fios de algodão...

[**Pós-apocalipse**]

Sempre fui fogo escorrendo pelo meu corpo
Fui a seu show
Fico excitada com você, sim!
Às avessas me rearranjo
Essa jovem que se autosseduz sou eu
Bela, sim!
Lânguida
Fluida
Escorregadia
Ninguém me pega
Não, só me prendo ao meu desejo
Deste, sou uma escrava
Sofri até morrer mais de mil vezes já
Antecipo e vivo minha própria morte no medo dela
Me pauto pelos limites
Uma mulher que se corta em silêncio na coxa e vem me mostrar
Poderia ser eu, mas não sou!
Ela desenhou um triângulo, ali não cabiam palavras ou eu não as tinha
De repente, diz a si mesma: não preciso mais de cordas!
E um homem de barba emocionado estende a mão e olha nos meus olhos legitimados do poder que é assumir a responsabilidade de ser.

[*Rock in* mangue]

Todos os gritos que o Kurt não pôde dar
Voar é possível.

[**Que emoção é essa?**]

Que me acompanha desde sempre
Mulheres intensas como Elis e Maysa
hoje me fazem pensar em quanta dor sinto
Não é possível ser uma tesourinha que voa
   batendo as pernas
e passar imune às injustiças, ao
   sofrimento, aos desencontros
Sentimentos são sentidos, para o bem e para
   o mal
O custo de observar quase tudo ao redor
da conexão com o mundo
De cedo pela manhã já bem desperta
Ver um casal transando na calçada beirando
   a avenida
cheia de carros, congestionada, sob um
   cobertor todo sujo
E um bêbado estar dormindo ao lado deles.

[**O hospício é dentro de mim**]

Apesar dos gritos de muitas mulheres
eu tranquei a porta do meu quarto
Aquele momento seria só meu

Eis que uma janela se abriu sob meus olhos
Havia um porto em meio ao azul brilhante.

[**Mergulhe**]

Sinta as ondas
Você é uma âncora
E também uma concha.

[**Alma imoral**]

Um corpo feminino
A nudez por si só
Uma mulher inteira que estava contando a
   sua história
Já nas primeiras reflexões, ser tocada foi
   minha reação natural
Não conseguia tirar os olhos dos dela, que
   misteriosamente brilharam durante todo o
   espetáculo
Transgredindo Pessoa: "viver é preciso".

ÍNDICE DE POEMAS

Isto e um pouco mais............................ 15
À minha amada................................... 16
Um homem simples................................ 16
A luz da manhã.................................. 17
Quando a vejo................................... 17
Acima do sofá................................... 18
Cais do porto................................... 18
Na noite seguinte............................... 19
Um café quente.................................. 19
História.. 20
Na montanha..................................... 20
Porteira de madeira............................. 21
Felicidade...................................... 21
Rio Grande...................................... 22
Metade da viagem já foi......................... 22
Um artista adulto............................... 23
Estocolmo menos o guarda-chuva.................. 23
Espírito santo?................................. 24
Munique multiétnica............................. 24
Sono.. 26
Lembre-se de que você é meu norte............... 27
Aquela sala..................................... 28
Rosa caipira.................................... 31
Hoje ele não vem para casa...................... 31
Fogo e gelo..................................... 32
O glacial e a esfinge........................... 32
Amor.. 33
Quando a vida se descortina..................... 33
Praia só com as amigas.......................... 33
Janeiros em Brasília............................ 34
Areia negra..................................... 34
Tartaruga navegando............................. 34

Leões rugindo no meio da selva de pedra............ 35
Menina do mato................................... 35
Desenhos no granito.............................. 35
Entregar-se ao corpo............................. 35
Ousadias culinárias.............................. 36
Renuncias ao demônio?............................ 37
Luto leva tempo, tempo leva luto................. 38
Pesadelo... 38
Perca-se... 39
Depois do *Boeuf Bourguignon*, o *Crème Brûlée*........ 40
A vela é a vida.................................. 41
Sede... 42
Oratório do soldado.............................. 42
Conexões... 43
Sofrendo... 44
Partículas....................................... 44
Buraco... 46
Aprendizados lilases............................. 46
Coreógrafa de mim................................ 47
Ensaio... 47
Memória.. 48
Memórias do subsolo.............................. 48
Íntegra.. 49
Próprios sonhos.................................. 53
Tubos.. 53
Poder voltar a arrumar a casa.................... 54
Poesia não serve para nada....................... 55
Escrever... 56
O que aprendi com as abelhas..................... 56
Cercado branco................................... 57
Lá fora os campos estão cheios de flores......... 57
Pina já sabia no café Muller..................... 58
Observando gaviões............................... 58
Liberdade.. 59
Aurora boreal.................................... 59
O lago é infinito................................ 60
Nessun dorma de Puccini.......................... 61
Reparem na beleza das sombras.................... 61
Orquestra sinfônica.............................. 61
Praia.. 62
Amadurecer....................................... 62
Segunda-feira maravilhosa........................ 63
Poesia... 64

Não é fácil................................... 65
Baguete orgiática............................. 66
Felicidade?!.................................. 67
Tempo de comer cerejas........................ 67
A nuvem refletiu na casa da árvore............ 68
Olhando no olho da vulnerabilidade............ 68
Da Vinci em seu não afresco................... 69
Gaudí... 69
Casa colorida................................. 70
Um bom homem.................................. 70
Poemas sinfônicos............................. 71
Madri negra................................... 71
Porto... 72
Tempo de aventuras............................ 73
Minigolfe..................................... 73
Biblioteca Joanina............................ 73
Fátima.. 74
Jardim de rosas............................... 74
Jardim suspenso............................... 79
Polenta....................................... 79
Feijão preto.................................. 80
Fogo.. 80
Verissimo..................................... 81
Quarta-feira de Cinzas........................ 81
Uma dança africana............................ 82
Marte na lua natal............................ 82
As cartas me salvaram......................... 83
Ai.. 83
Mineral....................................... 84
Inspirações com sabor de outono............... 84
Sofisticada................................... 85
Outro janeiro................................. 85
Verão... 86
Lua de cristal................................ 86
Goma rosa..................................... 87
Lembrar para não esquecer..................... 87
Vale uma vida um amor como o nosso............ 87
Broto... 88
Já é abril mesmo que você não queira.......... 89
A vida é eletricidade......................... 90
O quarto do bebê.............................. 90
Seria o cheiro uma memória em separado?....... 90
Aniversário................................... 92

Dor	93
Colheita	94
Casa das rosas	96
Gestos	96
Western	97
O cheiro da rosa de romã	97
Cultura matinal	98
Não tem fim	98
Quem não tem piscina	99
Como se diz eu te amo em italiano?	99
Pó de estrelas	99
Domingo de maternagem	100
Negação	101
Canal de Suez	102
Viagens existenciais	102
Olhar o mar pelas janelas	103
Amigo	104
Anaconda	105
Milkshake de Ovomaltine	105
Inspiração	106
O papel pegou fogo	106
Transcender	106
Agradecimento aos meus grandes amigos	107
Dançando e cantando na janela	108
Desculpe-me	108
Saudade	108
Falta	109
No país das maravilhas	110
18 de abril	110
Gauguin	111
E(n)rico	111
Céu azul	111
Polainas reparadoras	112
Fronteiriço	112
Embrulho	113
Outono finda	114
Dançando a vida para que a vida me dance	114
A bela juventude	114
Ir-aí	115
Não há que se fazer nada	115
Pombos	116
Irmandade	117
O vento	117

Amar.. 117
Bebendo o leite da vida........................... 117
Recém-nascida..................................... 118
Das coisas invisíveis............................. 118
O tempo encontrado................................ 118
Cartas.. 118
São tantas nascentes.............................. 119
Bom dia... 119
Fotografia.. 119
Tons de vinho..................................... 119
Pós-apocalipse.................................... 120
Rock in mangue.................................. 121
Que emoção é essa?................................ 121
O hospício é dentro de mim........................ 121
Mergulhe.. 122
Alma imoral....................................... 122

Este livro foi composto em Courier New e
impresso pela gráfica Meta em papel Pólen Soft 80 g/m².